MW01488665

This Address Book Belongs To:

© 2019 Sadie Nova

All rights reserved.
No portion of this book may be reproduced in any form
without permission from the publisher,
except as permitted by U.S. copyright law.

Page Index By Letter

NAME:

ADDRESS:

☏ **HOME:**   ☏ **WORK:**

☏ **CELL:**   @ **EMAIL:**

BIRTHDAY:

NOTES:

◆•◆•◆•◆•◆•◆•◆•◆•◆•◆•◆•◆•◆•◆•◆•

NAME:

ADDRESS:

☏ **HOME:**   ☏ **WORK:**

☏ **CELL:**   @ **EMAIL:**

BIRTHDAY:

NOTES:

◆•◆•◆•◆•◆•◆•◆•◆•◆•◆•◆•◆•◆•◆•◆•

NAME:

ADDRESS:

☏ **HOME:**   ☏ **WORK:**

☏ **CELL:**   @ **EMAIL:**

BIRTHDAY:

NOTES:

NAME:

ADDRESS:

☏ **HOME:**   ☏ **WORK:**

☏ **CELL:**   ✉ **EMAIL:**

BIRTHDAY:

NOTES:

◆•◆•◆•◆•◆•◆•◆•◆•◆•◆•◆•◆•◆•◆•◆•

NAME:

ADDRESS:

☏ **HOME:**   ☏ **WORK:**

☏ **CELL:**   ✉ **EMAIL:**

BIRTHDAY:

NOTES:

◆•◆•◆•◆•◆•◆•◆•◆•◆•◆•◆•◆•◆•◆•◆•

NAME:

ADDRESS:

☏ **HOME:**   ☏ **WORK:**

☏ **CELL:**   ✉ **EMAIL:**

BIRTHDAY:

NOTES:

A

NAME:

ADDRESS:

☎ **HOME:**   ☎ **WORK:**

☎ **CELL:**   @ **EMAIL:**

BIRTHDAY:

NOTES:

◆•◆•◆•◆•◆•◆•◆•◆•◆•◆•◆•◆•◆•◆•◆•

NAME:

ADDRESS:

☎ **HOME:**   ☎ **WORK:**

☎ **CELL:**   @ **EMAIL:**

BIRTHDAY:

NOTES:

◆•◆•◆•◆•◆•◆•◆•◆•◆•◆•◆•◆•◆•◆•◆•

NAME:

ADDRESS:

☎ **HOME:**   ☎ **WORK:**

☎ **CELL:**   @ **EMAIL:**

BIRTHDAY:

NOTES:

NAME:

ADDRESS:

📞 **HOME:**   📞 **WORK:**

📞 **CELL:**   ✉ **EMAIL:**

BIRTHDAY:

NOTES:

◆•◆•◆•◆•◆•◆•◆•◆•◆•◆•◆•◆•◆•◆•◆•◆•

NAME:

ADDRESS:

📞 **HOME:**   📞 **WORK:**

📞 **CELL:**   ✉ **EMAIL:**

BIRTHDAY:

NOTES:

◆•◆•◆•◆•◆•◆•◆•◆•◆•◆•◆•◆•◆•◆•◆•◆•

NAME:

ADDRESS:

📞 **HOME:**   📞 **WORK:**

📞 **CELL:**   ✉ **EMAIL:**

BIRTHDAY:

NOTES:

B

NAME:

ADDRESS:

📞 **HOME:** 📞 **WORK:**

📞 **CELL:** ✉ **EMAIL:**

BIRTHDAY:

NOTES:

◆•◆•◆•◆•◆•◆•◆•◆•◆•◆•◆•◆•◆•◆•◆•◆•◆•

NAME:

ADDRESS:

📞 **HOME:** 📞 **WORK:**

📞 **CELL:** ✉ **EMAIL:**

BIRTHDAY:

NOTES:

◆•◆•◆•◆•◆•◆•◆•◆•◆•◆•◆•◆•◆•◆•◆•◆•◆•

NAME:

ADDRESS:

📞 **HOME:** 📞 **WORK:**

📞 **CELL:** ✉ **EMAIL:**

BIRTHDAY:

NOTES:

NAME:

ADDRESS:

📞 **HOME:**　　　　　　　📞 **WORK:**

📞 **CELL:**　　　　　　　✉ **EMAIL:**

BIRTHDAY:

NOTES:

◆·◆·◆·◆·◆·◆·◆·◆·◆·◆·◆·◆·◆·◆·◆·◆·◆·◆·

NAME:

ADDRESS:

📞 **HOME:**　　　　　　　📞 **WORK:**

📞 **CELL:**　　　　　　　✉ **EMAIL:**

BIRTHDAY:

NOTES:

◆·◆·◆·◆·◆·◆·◆·◆·◆·◆·◆·◆·◆·◆·◆·◆·◆·◆·

NAME:

ADDRESS:

📞 **HOME:**　　　　　　　📞 **WORK:**

📞 **CELL:**　　　　　　　✉ **EMAIL:**

BIRTHDAY:

NOTES:

B

NAME:

ADDRESS:

☏ **HOME:**   ☏ **WORK:**

☏ **CELL:**   ✉ **EMAIL:**

BIRTHDAY:

NOTES:

◆•◆•◆•◆•◆•◆•◆•◆•◆•◆•◆•◆•◆•◆•

NAME:

ADDRESS:

☏ **HOME:**   ☏ **WORK:**

☏ **CELL:**   ✉ **EMAIL:**

BIRTHDAY:

NOTES:

◆•◆•◆•◆•◆•◆•◆•◆•◆•◆•◆•◆•◆•◆•

NAME:

ADDRESS:

☏ **HOME:**   ☏ **WORK:**

☏ **CELL:**   ✉ **EMAIL:**

BIRTHDAY:

NOTES:

NAME:

ADDRESS:

📞 **HOME:**　　　　　　📞 **WORK:**

📞 **CELL:**　　　　　　✉ **EMAIL:**

BIRTHDAY:

NOTES:

◆•◆•◆•◆•◆•◆•◆•◆•◆•◆•◆•◆•◆•◆•◆•◆•

NAME:

ADDRESS:

📞 **HOME:**　　　　　　📞 **WORK:**

📞 **CELL:**　　　　　　✉ **EMAIL:**

BIRTHDAY:

NOTES:

◆•◆•◆•◆•◆•◆•◆•◆•◆•◆•◆•◆•◆•◆•◆•◆•

NAME:

ADDRESS:

📞 **HOME:**　　　　　　📞 **WORK:**

📞 **CELL:**　　　　　　✉ **EMAIL:**

BIRTHDAY:

NOTES:

NAME:

ADDRESS:

📞 **HOME:**　　　　　　📞 **WORK:**

📞 **CELL:**　　　　　　@ **EMAIL:**

BIRTHDAY:

NOTES:

◆•◆•◆•◆•◆•◆•◆•◆•◆•◆•◆•◆•◆•◆•◆•◆•

NAME:

ADDRESS:

📞 **HOME:**　　　　　　📞 **WORK:**

📞 **CELL:**　　　　　　@ **EMAIL:**

BIRTHDAY:

NOTES:

◆•◆•◆•◆•◆•◆•◆•◆•◆•◆•◆•◆•◆•◆•◆•◆•

NAME:

ADDRESS:

📞 **HOME:**　　　　　　📞 **WORK:**

📞 **CELL:**　　　　　　@ **EMAIL:**

BIRTHDAY:

NOTES:

NAME:

ADDRESS:

☏ **HOME:**   ☏ **WORK:**

☏ **CELL:**   @ **EMAIL:**

BIRTHDAY:

NOTES:

◆•◆•◆•◆•◆•◆•◆•◆•◆•◆•◆•◆•◆•◆•◆•◆•

NAME:

ADDRESS:

☏ **HOME:**   ☏ **WORK:**

☏ **CELL:**   @ **EMAIL:**

BIRTHDAY:

NOTES:

◆•◆•◆•◆•◆•◆•◆•◆•◆•◆•◆•◆•◆•◆•◆•◆•

NAME:

ADDRESS:

☏ **HOME:**   ☏ **WORK:**

☏ **CELL:**   @ **EMAIL:**

BIRTHDAY:

NOTES:

C

NAME:

ADDRESS:

📞 **HOME:**   📞 **WORK:**

📞 **CELL:**   ✉ **EMAIL:**

BIRTHDAY:

NOTES:

◆•◆•◆•◆•◆•◆•◆•◆•◆•◆•◆•◆•◆•◆•◆•◆•◆•

NAME:

ADDRESS:

📞 **HOME:**   📞 **WORK:**

📞 **CELL:**   ✉ **EMAIL:**

BIRTHDAY:

NOTES:

◆•◆•◆•◆•◆•◆•◆•◆•◆•◆•◆•◆•◆•◆•◆•◆•◆•

NAME:

ADDRESS:

📞 **HOME:**   📞 **WORK:**

📞 **CELL:**   ✉ **EMAIL:**

BIRTHDAY:

NOTES:

NAME:

ADDRESS:

📞 **HOME:**   📞 **WORK:**

📞 **CELL:**   ✉ **EMAIL:**

BIRTHDAY:

NOTES:

◆•◆•◆•◆•◆•◆•◆•◆•◆•◆•◆•◆•◆•◆•◆•

NAME:

ADDRESS:

📞 **HOME:**   📞 **WORK:**

📞 **CELL:**   ✉ **EMAIL:**

BIRTHDAY:

NOTES:

◆•◆•◆•◆•◆•◆•◆•◆•◆•◆•◆•◆•◆•◆•◆•

NAME:

ADDRESS:

📞 **HOME:**   📞 **WORK:**

📞 **CELL:**   ✉ **EMAIL:**

BIRTHDAY:

NOTES:

NAME:

ADDRESS:

📞 **HOME:**   📞 **WORK:**

📞 **CELL:**   ✉ **EMAIL:**

BIRTHDAY:

NOTES:

◆•◆•◆•◆•◆•◆•◆•◆•◆•◆•◆•◆•◆•◆•◆•◆•

NAME:

ADDRESS:

📞 **HOME:**   📞 **WORK:**

📞 **CELL:**   ✉ **EMAIL:**

BIRTHDAY:

NOTES:

◆•◆•◆•◆•◆•◆•◆•◆•◆•◆•◆•◆•◆•◆•◆•◆•

NAME:

ADDRESS:

📞 **HOME:**   📞 **WORK:**

📞 **CELL:**   ✉ **EMAIL:**

BIRTHDAY:

NOTES:

NAME:

ADDRESS:

 HOME: **WORK:**

CELL: **EMAIL:**

BIRTHDAY:

NOTES:

◆•◆•◆•◆•◆•◆•◆•◆•◆•◆•◆•◆•◆•◆•◆•◆•

NAME:

ADDRESS:

HOME: **WORK:**

CELL: **EMAIL:**

BIRTHDAY:

NOTES:

◆•◆•◆•◆•◆•◆•◆•◆•◆•◆•◆•◆•◆•◆•◆•◆•

NAME:

ADDRESS:

HOME: **WORK:**

CELL: **EMAIL:**

BIRTHDAY:

NOTES:

D

NAME:

ADDRESS:

☏ **HOME:**　　　　　　　☏ **WORK:**

☏ **CELL:**　　　　　　　✉ **EMAIL:**

BIRTHDAY:

NOTES:

◆•◆•◆•◆•◆•◆•◆•◆•◆•◆•◆•◆•◆•◆•◆•◆•

NAME:

ADDRESS:

☏ **HOME:**　　　　　　　☏ **WORK:**

☏ **CELL:**　　　　　　　✉ **EMAIL:**

BIRTHDAY:

NOTES:

◆•◆•◆•◆•◆•◆•◆•◆•◆•◆•◆•◆•◆•◆•◆•◆•

NAME:

ADDRESS:

☏ **HOME:**　　　　　　　☏ **WORK:**

☏ **CELL:**　　　　　　　✉ **EMAIL:**

BIRTHDAY:

NOTES:

NAME:

ADDRESS:

📞 **HOME:**　　　　　　📞 **WORK:**

📞 **CELL:**　　　　　　✉ **EMAIL:**

BIRTHDAY:

NOTES:

◆•◆•◆•◆•◆•◆•◆•◆•◆•◆•◆•◆•◆•◆•◆•◆•

NAME:

ADDRESS:

📞 **HOME:**　　　　　　📞 **WORK:**

📞 **CELL:**　　　　　　✉ **EMAIL:**

BIRTHDAY:

NOTES:

◆•◆•◆•◆•◆•◆•◆•◆•◆•◆•◆•◆•◆•◆•◆•◆•

NAME:

ADDRESS:

📞 **HOME:**　　　　　　📞 **WORK:**

📞 **CELL:**　　　　　　✉ **EMAIL:**

BIRTHDAY:

NOTES:

NAME:

ADDRESS:

📞 **HOME:**   📞 **WORK:**

📞 **CELL:**   ✉ **EMAIL:**

BIRTHDAY:

NOTES:

◆•◆•◆•◆•◆•◆•◆•◆•◆•◆•◆•◆•◆•◆•◆•◆•◆•

NAME:

ADDRESS:

📞 **HOME:**   📞 **WORK:**

📞 **CELL:**   ✉ **EMAIL:**

BIRTHDAY:

NOTES:

◆•◆•◆•◆•◆•◆•◆•◆•◆•◆•◆•◆•◆•◆•◆•◆•◆•

NAME:

ADDRESS:

📞 **HOME:**   📞 **WORK:**

📞 **CELL:**   ✉ **EMAIL:**

BIRTHDAY:

NOTES:

NAME:

ADDRESS:

 HOME: **WORK:**

 CELL: **EMAIL:**

BIRTHDAY:

NOTES:

◆•◆•◆•◆•◆•◆•◆•◆•◆•◆•◆•◆•◆•◆•◆•◆•

NAME:

ADDRESS:

 HOME: **WORK:**

 CELL: **EMAIL:**

BIRTHDAY:

NOTES:

◆•◆•◆•◆•◆•◆•◆•◆•◆•◆•◆•◆•◆•◆•◆•◆•

NAME:

ADDRESS:

 HOME: **WORK:**

 CELL: **EMAIL:**

BIRTHDAY:

NOTES:

NAME:

ADDRESS:

📞 **HOME:**　　　　　　　📞 **WORK:**

📞 **CELL:**　　　　　　　✉ **EMAIL:**

BIRTHDAY:

NOTES:

◆•◆•◆•◆•◆•◆•◆•◆•◆•◆•◆•◆•◆•◆•◆•

NAME:

ADDRESS:

📞 **HOME:**　　　　　　　📞 **WORK:**

📞 **CELL:**　　　　　　　✉ **EMAIL:**

BIRTHDAY:

NOTES:

◆•◆•◆•◆•◆•◆•◆•◆•◆•◆•◆•◆•◆•◆•◆•

NAME:

ADDRESS:

📞 **HOME:**　　　　　　　📞 **WORK:**

📞 **CELL:**　　　　　　　✉ **EMAIL:**

BIRTHDAY:

NOTES:

NAME:

ADDRESS:

📞 **HOME:**　　　　　　📞 **WORK:**

📞 **CELL:**　　　　　　✉ **EMAIL:**

BIRTHDAY:

NOTES:

◆•◆•◆•◆•◆•◆•◆•◆•◆•◆•◆•◆•◆•◆•◆•

NAME:

ADDRESS:

📞 **HOME:**　　　　　　📞 **WORK:**

📞 **CELL:**　　　　　　✉ **EMAIL:**

BIRTHDAY:

NOTES:

◆•◆•◆•◆•◆•◆•◆•◆•◆•◆•◆•◆•◆•◆•◆•

NAME:

ADDRESS:

📞 **HOME:**　　　　　　📞 **WORK:**

📞 **CELL:**　　　　　　✉ **EMAIL:**

BIRTHDAY:

NOTES:

NAME:

ADDRESS:

📞 **HOME:**　　　　　　　📞 **WORK:**

📞 **CELL:**　　　　　　　　@ **EMAIL:**

BIRTHDAY:

NOTES:

◆•◆•◆•◆•◆•◆•◆•◆•◆•◆•◆•◆•◆•◆•◆•◆•◆•

NAME:

ADDRESS:

📞 **HOME:**　　　　　　　📞 **WORK:**

📞 **CELL:**　　　　　　　　@ **EMAIL:**

BIRTHDAY:

NOTES:

◆•◆•◆•◆•◆•◆•◆•◆•◆•◆•◆•◆•◆•◆•◆•◆•◆•

NAME:

ADDRESS:

📞 **HOME:**　　　　　　　📞 **WORK:**

📞 **CELL:**　　　　　　　　@ **EMAIL:**

BIRTHDAY:

NOTES:

NAME:

ADDRESS:

📞 **HOME:** 　　　　　　　📞 **WORK:**

📞 **CELL:** 　　　　　　　@ **EMAIL:**

BIRTHDAY:

NOTES:

◆•◆•◆•◆•◆•◆•◆•◆•◆•◆•◆•◆•◆•◆•◆•

NAME:

ADDRESS:

📞 **HOME:** 　　　　　　　📞 **WORK:**

📞 **CELL:** 　　　　　　　@ **EMAIL:**

BIRTHDAY:

NOTES:

◆•◆•◆•◆•◆•◆•◆•◆•◆•◆•◆•◆•◆•◆•◆•

NAME:

ADDRESS:

📞 **HOME:** 　　　　　　　📞 **WORK:**

📞 **CELL:** 　　　　　　　@ **EMAIL:**

BIRTHDAY:

NOTES:

NAME:

ADDRESS:

📞 **HOME:**　　　　　　📞 **WORK:**

📞 **CELL:**　　　　　　✉ **EMAIL:**

BIRTHDAY:

NOTES:

◆・◆・◆・◆・◆・◆・◆・◆・◆・◆・◆・◆・◆・◆・◆・

NAME:

ADDRESS:

📞 **HOME:**　　　　　　📞 **WORK:**

📞 **CELL:**　　　　　　✉ **EMAIL:**

BIRTHDAY:

NOTES:

◆・◆・◆・◆・◆・◆・◆・◆・◆・◆・◆・◆・◆・◆・◆・

NAME:

ADDRESS:

📞 **HOME:**　　　　　　📞 **WORK:**

📞 **CELL:**　　　　　　✉ **EMAIL:**

BIRTHDAY:

NOTES:

NAME:

ADDRESS:

📞 **HOME:**   📞 **WORK:**

📞 **CELL:**   ✉ **EMAIL:**

BIRTHDAY:

NOTES:

◆ • ◆ • ◆ • ◆ • ◆ • ◆ • ◆ • ◆ • ◆ • ◆ • ◆ • ◆ • ◆ • ◆ • ◆ • ◆ •

NAME:

ADDRESS:

📞 **HOME:**   📞 **WORK:**

📞 **CELL:**   ✉ **EMAIL:**

BIRTHDAY:

NOTES:

◆ • ◆ • ◆ • ◆ • ◆ • ◆ • ◆ • ◆ • ◆ • ◆ • ◆ • ◆ • ◆ • ◆ • ◆ • ◆ •

NAME:

ADDRESS:

📞 **HOME:**   📞 **WORK:**

📞 **CELL:**   ✉ **EMAIL:**

BIRTHDAY:

NOTES:

NAME:

ADDRESS:

📞 **HOME:**   📞 **WORK:**

📞 **CELL:**   @ **EMAIL:**

BIRTHDAY:

NOTES:

◆•◆•◆•◆•◆•◆•◆•◆•◆•◆•◆•◆•◆•◆•◆•◆•

NAME:

ADDRESS:

📞 **HOME:**   📞 **WORK:**

📞 **CELL:**   @ **EMAIL:**

BIRTHDAY:

NOTES:

◆•◆•◆•◆•◆•◆•◆•◆•◆•◆•◆•◆•◆•◆•◆•◆•

NAME:

ADDRESS:

📞 **HOME:**   📞 **WORK:**

📞 **CELL:**   @ **EMAIL:**

BIRTHDAY:

NOTES:

NAME:

ADDRESS:

📞 **HOME:**   📞 **WORK:**

📞 **CELL:**   @ **EMAIL:**

BIRTHDAY:

NOTES:

◆•◆•◆•◆•◆•◆•◆•◆•◆•◆•◆•◆•◆•◆•◆•◆•

NAME:

ADDRESS:

📞 **HOME:**   📞 **WORK:**

📞 **CELL:**   @ **EMAIL:**

BIRTHDAY:

NOTES:

◆•◆•◆•◆•◆•◆•◆•◆•◆•◆•◆•◆•◆•◆•◆•◆•

NAME:

ADDRESS:

📞 **HOME:**   📞 **WORK:**

📞 **CELL:**   @ **EMAIL:**

BIRTHDAY:

NOTES:

NAME:

ADDRESS:

☎ **HOME:** | ☎ **WORK:**
☎ **CELL:** | @ **EMAIL:**

BIRTHDAY:

NOTES:

◆•◆•◆•◆•◆•◆•◆•◆•◆•◆•◆•◆•◆•◆•◆•◆•◆•◆•

NAME:

ADDRESS:

☎ **HOME:** | ☎ **WORK:**
☎ **CELL:** | @ **EMAIL:**

BIRTHDAY:

NOTES:

◆•◆•◆•◆•◆•◆•◆•◆•◆•◆•◆•◆•◆•◆•◆•◆•◆•◆•

NAME:

ADDRESS:

☎ **HOME:** | ☎ **WORK:**
☎ **CELL:** | @ **EMAIL:**

BIRTHDAY:

NOTES:

NAME:

ADDRESS:

☎ **HOME:**   ☎ **WORK:**

☎ **CELL:**   ✉ **EMAIL:**

BIRTHDAY:

NOTES:

◆•◆•◆•◆•◆•◆•◆•◆•◆•◆•◆•◆•◆•◆•◆•

NAME:

ADDRESS:

☎ **HOME:**   ☎ **WORK:**

☎ **CELL:**   ✉ **EMAIL:**

BIRTHDAY:

NOTES:

◆•◆•◆•◆•◆•◆•◆•◆•◆•◆•◆•◆•◆•◆•◆•

NAME:

ADDRESS:

☎ **HOME:**   ☎ **WORK:**

☎ **CELL:**   ✉ **EMAIL:**

BIRTHDAY:

NOTES:

NAME:

ADDRESS:

📞 **HOME:**   📞 **WORK:**

📞 **CELL:**   ✉ **EMAIL:**

BIRTHDAY:

NOTES:

◆•◆•◆•◆•◆•◆•◆•◆•◆•◆•◆•◆•◆•◆•◆•◆•

NAME:

ADDRESS:

📞 **HOME:**   📞 **WORK:**

📞 **CELL:**   ✉ **EMAIL:**

BIRTHDAY:

NOTES:

◆•◆•◆•◆•◆•◆•◆•◆•◆•◆•◆•◆•◆•◆•◆•◆•

NAME:

ADDRESS:

📞 **HOME:**   📞 **WORK:**

📞 **CELL:**   ✉ **EMAIL:**

BIRTHDAY:

NOTES:

NAME:

ADDRESS:

📞 **HOME:**   📞 **WORK:**

📞 **CELL:**   ✉ **EMAIL:**

BIRTHDAY:

NOTES:

◆•◆•◆•◆•◆•◆•◆•◆•◆•◆•◆•◆•◆•◆•◆•◆•◆•

NAME:

ADDRESS:

📞 **HOME:**   📞 **WORK:**

📞 **CELL:**   ✉ **EMAIL:**

BIRTHDAY:

NOTES:

◆•◆•◆•◆•◆•◆•◆•◆•◆•◆•◆•◆•◆•◆•◆•◆•◆•

NAME:

ADDRESS:

📞 **HOME:**   📞 **WORK:**

📞 **CELL:**   ✉ **EMAIL:**

BIRTHDAY:

NOTES:

NAME:

ADDRESS:

📞 **HOME:**   📞 **WORK:**

📞 **CELL:**   ✉ **EMAIL:**

BIRTHDAY:

NOTES:

◆•◆•◆•◆•◆•◆•◆•◆•◆•◆•◆•◆•◆•◆•◆•◆•

NAME:

ADDRESS:

📞 **HOME:**   📞 **WORK:**

📞 **CELL:**   ✉ **EMAIL:**

BIRTHDAY:

NOTES:

◆•◆•◆•◆•◆•◆•◆•◆•◆•◆•◆•◆•◆•◆•◆•◆•

NAME:

ADDRESS:

📞 **HOME:**   📞 **WORK:**

📞 **CELL:**   ✉ **EMAIL:**

BIRTHDAY:

NOTES:

NAME:

ADDRESS:

📞 **HOME:** 📞 **WORK:**

📞 **CELL:** ✉ **EMAIL:**

BIRTHDAY:

NOTES:

◆•◆•◆•◆•◆•◆•◆•◆•◆•◆•◆•◆•◆•◆•◆•

NAME:

ADDRESS:

📞 **HOME:** 📞 **WORK:**

📞 **CELL:** ✉ **EMAIL:**

BIRTHDAY:

NOTES:

◆•◆•◆•◆•◆•◆•◆•◆•◆•◆•◆•◆•◆•◆•◆•

NAME:

ADDRESS:

📞 **HOME:** 📞 **WORK:**

📞 **CELL:** ✉ **EMAIL:**

BIRTHDAY:

NOTES:

NAME:

ADDRESS:

☎ **HOME:**   ☎ **WORK:**

☎ **CELL:**   ✉ **EMAIL:**

BIRTHDAY:

NOTES:

◆•◆•◆•◆•◆•◆•◆•◆•◆•◆•◆•◆•◆•◆•◆•◆•◆•

NAME:

ADDRESS:

☎ **HOME:**   ☎ **WORK:**

☎ **CELL:**   ✉ **EMAIL:**

BIRTHDAY:

NOTES:

◆•◆•◆•◆•◆•◆•◆•◆•◆•◆•◆•◆•◆•◆•◆•◆•◆•

NAME:

ADDRESS:

☎ **HOME:**   ☎ **WORK:**

☎ **CELL:**   ✉ **EMAIL:**

BIRTHDAY:

NOTES:

NAME:

ADDRESS:

📞 **HOME:**   📞 **WORK:**

📞 **CELL:**   ✉ **EMAIL:**

BIRTHDAY:

NOTES:

◆·◆·◆·◆·◆·◆·◆·◆·◆·◆·◆·◆·◆·◆·◆·

NAME:

ADDRESS:

📞 **HOME:**   📞 **WORK:**

📞 **CELL:**   ✉ **EMAIL:**

BIRTHDAY:

NOTES:

◆·◆·◆·◆·◆·◆·◆·◆·◆·◆·◆·◆·◆·◆·◆·

NAME:

ADDRESS:

📞 **HOME:**   📞 **WORK:**

📞 **CELL:**   ✉ **EMAIL:**

BIRTHDAY:

NOTES:

NAME:

ADDRESS:

📞 **HOME:**　　　　　📞 **WORK:**

📞 **CELL:**　　　　　@ **EMAIL:**

BIRTHDAY:

NOTES:

◆•◆•◆•◆•◆•◆•◆•◆•◆•◆•◆•◆•◆•◆•◆•◆•◆•

NAME:

ADDRESS:

📞 **HOME:**　　　　　📞 **WORK:**

📞 **CELL:**　　　　　@ **EMAIL:**

BIRTHDAY:

NOTES:

◆•◆•◆•◆•◆•◆•◆•◆•◆•◆•◆•◆•◆•◆•◆•◆•◆•

NAME:

ADDRESS:

📞 **HOME:**　　　　　📞 **WORK:**

📞 **CELL:**　　　　　@ **EMAIL:**

BIRTHDAY:

NOTES:

NAME:

ADDRESS:

HOME: **WORK:**

CELL: **EMAIL:**

BIRTHDAY:

NOTES:

◆•◆•◆•◆•◆•◆•◆•◆•◆•◆•◆•◆•◆•◆•◆•

NAME:

ADDRESS:

HOME: **WORK:**

CELL: **EMAIL:**

BIRTHDAY:

NOTES:

◆•◆•◆•◆•◆•◆•◆•◆•◆•◆•◆•◆•◆•◆•◆•

NAME:

ADDRESS:

HOME: **WORK:**

CELL: **EMAIL:**

BIRTHDAY:

NOTES:

J

NAME:

ADDRESS:

☏ **HOME:** ☏ **WORK:**

☏ **CELL:** ✉ **EMAIL:**

BIRTHDAY:

NOTES:

◆•◆•◆•◆•◆•◆•◆•◆•◆•◆•◆•◆•◆•◆•◆•

NAME:

ADDRESS:

☏ **HOME:** ☏ **WORK:**

☏ **CELL:** ✉ **EMAIL:**

BIRTHDAY:

NOTES:

◆•◆•◆•◆•◆•◆•◆•◆•◆•◆•◆•◆•◆•◆•◆•

NAME:

ADDRESS:

☏ **HOME:** ☏ **WORK:**

☏ **CELL:** ✉ **EMAIL:**

BIRTHDAY:

NOTES:

NAME:

ADDRESS:

HOME: **WORK:**

CELL: **EMAIL:**

BIRTHDAY:

NOTES:

◆•◆•◆•◆•◆•◆•◆•◆•◆•◆•◆•◆•◆•◆•◆•

NAME:

ADDRESS:

HOME: **WORK:**

CELL: **EMAIL:**

BIRTHDAY:

NOTES:

◆•◆•◆•◆•◆•◆•◆•◆•◆•◆•◆•◆•◆•◆•◆•

NAME:

ADDRESS:

HOME: **WORK:**

CELL: **EMAIL:**

BIRTHDAY:

NOTES:

J

NAME:

ADDRESS:

☏ **HOME:** ☏ **WORK:**

☏ **CELL:** ✉ **EMAIL:**

BIRTHDAY:

NOTES:

◆•◆•◆•◆•◆•◆•◆•◆•◆•◆•◆•◆•◆•◆•◆•◆•

NAME:

ADDRESS:

☏ **HOME:** ☏ **WORK:**

☏ **CELL:** ✉ **EMAIL:**

BIRTHDAY:

NOTES:

◆•◆•◆•◆•◆•◆•◆•◆•◆•◆•◆•◆•◆•◆•◆•◆•

NAME:

ADDRESS:

☏ **HOME:** ☏ **WORK:**

☏ **CELL:** ✉ **EMAIL:**

BIRTHDAY:

NOTES:

NAME:

ADDRESS:

☎ **HOME:**   ☎ **WORK:**

☎ **CELL:**   @ **EMAIL:**

BIRTHDAY:

NOTES:

◆•◆•◆•◆•◆•◆•◆•◆•◆•◆•◆•◆•◆•◆•◆•◆•

NAME:

ADDRESS:

☎ **HOME:**   ☎ **WORK:**

☎ **CELL:**   @ **EMAIL:**

BIRTHDAY:

NOTES:

◆•◆•◆•◆•◆•◆•◆•◆•◆•◆•◆•◆•◆•◆•◆•◆•

NAME:

ADDRESS:

☎ **HOME:**   ☎ **WORK:**

☎ **CELL:**   @ **EMAIL:**

BIRTHDAY:

NOTES:

K

NAME:

ADDRESS:

📞 **HOME:**　　　　　　📞 **WORK:**

📞 **CELL:**　　　　　　✉ **EMAIL:**

BIRTHDAY:

NOTES:

◆•◆•◆•◆•◆•◆•◆•◆•◆•◆•◆•◆•◆•◆•◆•◆•

NAME:

ADDRESS:

📞 **HOME:**　　　　　　📞 **WORK:**

📞 **CELL:**　　　　　　✉ **EMAIL:**

BIRTHDAY:

NOTES:

◆•◆•◆•◆•◆•◆•◆•◆•◆•◆•◆•◆•◆•◆•◆•◆•

NAME:

ADDRESS:

📞 **HOME:**　　　　　　📞 **WORK:**

📞 **CELL:**　　　　　　✉ **EMAIL:**

BIRTHDAY:

NOTES:

NAME:

ADDRESS:

 HOME: **WORK:**

CELL: **EMAIL:**

BIRTHDAY:

NOTES:

◆•◆•◆•◆•◆•◆•◆•◆•◆•◆•◆•◆•◆•◆•◆•◆•◆•

NAME:

ADDRESS:

HOME: **WORK:**

CELL: **EMAIL:**

BIRTHDAY:

NOTES:

◆•◆•◆•◆•◆•◆•◆•◆•◆•◆•◆•◆•◆•◆•◆•◆•◆•

NAME:

ADDRESS:

HOME: **WORK:**

CELL: **EMAIL:**

BIRTHDAY:

NOTES:

NAME:

ADDRESS:

📞 **HOME:**   📞 **WORK:**

📞 **CELL:**   @ **EMAIL:**

BIRTHDAY:

NOTES:

◆•◆•◆•◆•◆•◆•◆•◆•◆•◆•◆•◆•◆•◆•◆•◆•

NAME:

ADDRESS:

📞 **HOME:**   📞 **WORK:**

📞 **CELL:**   @ **EMAIL:**

BIRTHDAY:

NOTES:

◆•◆•◆•◆•◆•◆•◆•◆•◆•◆•◆•◆•◆•◆•◆•◆•

NAME:

ADDRESS:

📞 **HOME:**   📞 **WORK:**

📞 **CELL:**   @ **EMAIL:**

BIRTHDAY:

NOTES:

NAME:

ADDRESS:

📞 **HOME:**   📞 **WORK:**

📞 **CELL:**   ✉ **EMAIL:**

BIRTHDAY:

NOTES:

◆•◆•◆•◆•◆•◆•◆•◆•◆•◆•◆•◆•◆•◆•◆•◆•

NAME:

ADDRESS:

📞 **HOME:**   📞 **WORK:**

📞 **CELL:**   ✉ **EMAIL:**

BIRTHDAY:

NOTES:

◆•◆•◆•◆•◆•◆•◆•◆•◆•◆•◆•◆•◆•◆•◆•◆•

NAME:

ADDRESS:

📞 **HOME:**   📞 **WORK:**

📞 **CELL:**   ✉ **EMAIL:**

BIRTHDAY:

NOTES:

NAME:

ADDRESS:

HOME: **WORK:**

CELL: **EMAIL:**

BIRTHDAY:

NOTES:

◆·◆·◆·◆·◆·◆·◆·◆·◆·◆·◆·◆·◆·◆·◆·◆·◆·◆·◆·

NAME:

ADDRESS:

HOME: **WORK:**

CELL: **EMAIL:**

BIRTHDAY:

NOTES:

◆·◆·◆·◆·◆·◆·◆·◆·◆·◆·◆·◆·◆·◆·◆·◆·◆·◆·◆·

NAME:

ADDRESS:

HOME: **WORK:**

CELL: **EMAIL:**

BIRTHDAY:

NOTES:

NAME:

ADDRESS:

📞 **HOME:**   📞 **WORK:**

📞 **CELL:**   ✉ **EMAIL:**

BIRTHDAY:

NOTES:

◆•◆•◆•◆•◆•◆•◆•◆•◆•◆•◆•◆•◆•◆•◆•◆•

NAME:

ADDRESS:

📞 **HOME:**   📞 **WORK:**

📞 **CELL:**   ✉ **EMAIL:**

BIRTHDAY:

NOTES:

◆•◆•◆•◆•◆•◆•◆•◆•◆•◆•◆•◆•◆•◆•◆•◆•

NAME:

ADDRESS:

📞 **HOME:**   📞 **WORK:**

📞 **CELL:**   ✉ **EMAIL:**

BIRTHDAY:

NOTES:

NAME:

ADDRESS:

📞 **HOME:**   📞 **WORK:**

📞 **CELL:**   ✉ **EMAIL:**

BIRTHDAY:

NOTES:

◆•◆•◆•◆•◆•◆•◆•◆•◆•◆•◆•◆•◆•◆•◆•◆•

NAME:

ADDRESS:

📞 **HOME:**   📞 **WORK:**

📞 **CELL:**   ✉ **EMAIL:**

BIRTHDAY:

NOTES:

◆•◆•◆•◆•◆•◆•◆•◆•◆•◆•◆•◆•◆•◆•◆•◆•

NAME:

ADDRESS:

📞 **HOME:**   📞 **WORK:**

📞 **CELL:**   ✉ **EMAIL:**

BIRTHDAY:

NOTES:

NAME:

ADDRESS:

📞 **HOME:**   📞 **WORK:**

📞 **CELL:**   @ **EMAIL:**

BIRTHDAY:

NOTES:

◆•◆•◆•◆•●•◆•◆•●•◆•◆•●•◆•◆•●•◆•●•◆•●

NAME:

ADDRESS:

📞 **HOME:**   📞 **WORK:**

📞 **CELL:**   @ **EMAIL:**

BIRTHDAY:

NOTES:

◆•◆•◆•●•◆•◆•●•◆•◆•●•◆•◆•●•◆•●•◆•●•◆•

NAME:

ADDRESS:

📞 **HOME:**   📞 **WORK:**

📞 **CELL:**   @ **EMAIL:**

BIRTHDAY:

NOTES:

NAME:

ADDRESS:

📞 **HOME:**   📞 **WORK:**

📞 **CELL:**   @ **EMAIL:**

BIRTHDAY:

NOTES:

◆•◆•◆•◆•◆•◆•◆•◆•◆•◆•◆•◆•◆•◆•◆•◆•

NAME:

ADDRESS:

📞 **HOME:**   📞 **WORK:**

📞 **CELL:**   @ **EMAIL:**

BIRTHDAY:

NOTES:

◆•◆•◆•◆•◆•◆•◆•◆•◆•◆•◆•◆•◆•◆•◆•◆•

NAME:

ADDRESS:

📞 **HOME:**   📞 **WORK:**

📞 **CELL:**   @ **EMAIL:**

BIRTHDAY:

NOTES:

NAME:

ADDRESS:

📞 HOME: **📞 WORK:**

📞 CELL: **@ EMAIL:**

BIRTHDAY:

NOTES:

◆•◆•◆•◆•◆•◆•◆•◆•◆•◆•◆•◆•◆•◆•◆•

NAME:

ADDRESS:

📞 HOME: **📞 WORK:**

📞 CELL: **@ EMAIL:**

BIRTHDAY:

NOTES:

◆•◆•◆•◆•◆•◆•◆•◆•◆•◆•◆•◆•◆•◆•◆•

NAME:

ADDRESS:

📞 HOME: **📞 WORK:**

📞 CELL: **@ EMAIL:**

BIRTHDAY:

NOTES:

M

NAME:

ADDRESS:

📞 **HOME:**   📞 **WORK:**

📞 **CELL:**   ✉ **EMAIL:**

BIRTHDAY:

NOTES:

◆•◆•◆•◆•◆•◆•◆•◆•◆•◆•◆•◆•◆•◆•◆•◆•

NAME:

ADDRESS:

📞 **HOME:**   📞 **WORK:**

📞 **CELL:**   ✉ **EMAIL:**

BIRTHDAY:

NOTES:

◆•◆•◆•◆•◆•◆•◆•◆•◆•◆•◆•◆•◆•◆•◆•◆•

NAME:

ADDRESS:

📞 **HOME:**   📞 **WORK:**

📞 **CELL:**   ✉ **EMAIL:**

BIRTHDAY:

NOTES:

NAME:

ADDRESS:

📞 **HOME:**   📞 **WORK:**

📞 **CELL:**   ✉ **EMAIL:**

BIRTHDAY:

NOTES:

◆•◆•◆•◆•◆•◆•◆•◆•◆•◆•◆•◆•◆•◆•◆•◆

NAME:

ADDRESS:

📞 **HOME:**   📞 **WORK:**

📞 **CELL:**   ✉ **EMAIL:**

BIRTHDAY:

NOTES:

◆•◆•◆•◆•◆•◆•◆•◆•◆•◆•◆•◆•◆•◆•◆•◆

NAME:

ADDRESS:

📞 **HOME:**   📞 **WORK:**

📞 **CELL:**   ✉ **EMAIL:**

BIRTHDAY:

NOTES:

NAME:

ADDRESS:

📞 **HOME:**   📞 **WORK:**

📞 **CELL:**   ✉ **EMAIL:**

BIRTHDAY:

NOTES:

◆•◆•◆•◆•◆•◆•◆•◆•◆•◆•◆•◆•◆•◆•◆•

NAME:

ADDRESS:

📞 **HOME:**   📞 **WORK:**

📞 **CELL:**   ✉ **EMAIL:**

BIRTHDAY:

NOTES:

◆•◆•◆•◆•◆•◆•◆•◆•◆•◆•◆•◆•◆•◆•◆•

NAME:

ADDRESS:

📞 **HOME:**   📞 **WORK:**

📞 **CELL:**   ✉ **EMAIL:**

BIRTHDAY:

NOTES:

NAME:

ADDRESS:

☎ **HOME:**　　　　　　　　☎ **WORK:**

☎ **CELL:**　　　　　　　　✉ **EMAIL:**

BIRTHDAY:

NOTES:

◆•◆•◆•◆•◆•◆•◆•◆•◆•◆•◆•◆•◆•◆•◆•

NAME:

ADDRESS:

☎ **HOME:**　　　　　　　　☎ **WORK:**

☎ **CELL:**　　　　　　　　✉ **EMAIL:**

BIRTHDAY:

NOTES:

◆•◆•◆•◆•◆•◆•◆•◆•◆•◆•◆•◆•◆•◆•◆•

NAME:

ADDRESS:

☎ **HOME:**　　　　　　　　☎ **WORK:**

☎ **CELL:**　　　　　　　　✉ **EMAIL:**

BIRTHDAY:

NOTES:

NAME:

ADDRESS:

☎ **HOME:**   ☎ **WORK:**

☎ **CELL:**   @ **EMAIL:**

BIRTHDAY:

NOTES:

◆•◆•◆•◆•◆•◆•◆•◆•◆•◆•◆•◆•◆•◆•◆•◆•

NAME:

ADDRESS:

☎ **HOME:**   ☎ **WORK:**

☎ **CELL:**   @ **EMAIL:**

BIRTHDAY:

NOTES:

◆•◆•◆•◆•◆•◆•◆•◆•◆•◆•◆•◆•◆•◆•◆•◆•

NAME:

ADDRESS:

☎ **HOME:**   ☎ **WORK:**

☎ **CELL:**   @ **EMAIL:**

BIRTHDAY:

NOTES:

NAME:

ADDRESS:

📞 **HOME:** | 📞 **WORK:**

📞 **CELL:** | ✉ **EMAIL:**

BIRTHDAY:

NOTES:

◆•◆•◆•◆•◆•◆•◆•◆•◆•◆•◆•◆•◆•◆•◆•

NAME:

ADDRESS:

📞 **HOME:** | 📞 **WORK:**

📞 **CELL:** | ✉ **EMAIL:**

BIRTHDAY:

NOTES:

◆•◆•◆•◆•◆•◆•◆•◆•◆•◆•◆•◆•◆•◆•◆•

NAME:

ADDRESS:

📞 **HOME:** | 📞 **WORK:**

📞 **CELL:** | ✉ **EMAIL:**

BIRTHDAY:

NOTES:

NAME:

ADDRESS:

📞 **HOME:**   📞 **WORK:**

📞 **CELL:**   ✉ **EMAIL:**

BIRTHDAY:

NOTES:

◆•◆•◆•◆•◆•◆•◆•◆•◆•◆•◆•◆•◆•◆•◆•◆•

NAME:

ADDRESS:

📞 **HOME:**   📞 **WORK:**

📞 **CELL:**   ✉ **EMAIL:**

BIRTHDAY:

NOTES:

◆•◆•◆•◆•◆•◆•◆•◆•◆•◆•◆•◆•◆•◆•◆•◆•

NAME:

ADDRESS:

📞 **HOME:**   📞 **WORK:**

📞 **CELL:**   ✉ **EMAIL:**

BIRTHDAY:

NOTES:

NAME:

ADDRESS:

📞 **HOME:**　　　　　　📞 **WORK:**

📞 **CELL:**　　　　　　✉ **EMAIL:**

BIRTHDAY:

NOTES:

◆•◆•◆•◆•◆•◆•◆•◆•◆•◆•◆•◆•◆•◆•◆•

NAME:

ADDRESS:

📞 **HOME:**　　　　　　📞 **WORK:**

📞 **CELL:**　　　　　　✉ **EMAIL:**

BIRTHDAY:

NOTES:

◆•◆•◆•◆•◆•◆•◆•◆•◆•◆•◆•◆•◆•◆•

NAME:

ADDRESS:

📞 **HOME:**　　　　　　📞 **WORK:**

📞 **CELL:**　　　　　　✉ **EMAIL:**

BIRTHDAY:

NOTES:

NAME:

ADDRESS:

📞 **HOME:**   📞 **WORK:**

📞 **CELL:**   @ **EMAIL:**

BIRTHDAY:

NOTES:

◆•◆•◆•◆•◆•◆•◆•◆•◆•◆•◆•◆•◆•◆•◆•◆•

NAME:

ADDRESS:

📞 **HOME:**   📞 **WORK:**

📞 **CELL:**   @ **EMAIL:**

BIRTHDAY:

NOTES:

◆•◆•◆•◆•◆•◆•◆•◆•◆•◆•◆•◆•◆•◆•◆•◆•

NAME:

ADDRESS:

📞 **HOME:**   📞 **WORK:**

📞 **CELL:**   @ **EMAIL:**

BIRTHDAY:

NOTES:

NAME:

ADDRESS:

📞 **HOME:**   📞 **WORK:**

📞 **CELL:**   ✉ **EMAIL:**

BIRTHDAY:

NOTES:

◆•◆•◆•◆•◆•◆•◆•◆•◆•◆•◆•◆•◆•◆•◆•◆•

NAME:

ADDRESS:

📞 **HOME:**   📞 **WORK:**

📞 **CELL:**   ✉ **EMAIL:**

BIRTHDAY:

NOTES:

◆•◆•◆•◆•◆•◆•◆•◆•◆•◆•◆•◆•◆•◆•◆•◆•

NAME:

ADDRESS:

📞 **HOME:**   📞 **WORK:**

📞 **CELL:**   ✉ **EMAIL:**

BIRTHDAY:

NOTES:

NAME:

ADDRESS:

📞 **HOME:**   📞 **WORK:**

📞 **CELL:**   ✉ **EMAIL:**

BIRTHDAY:

NOTES:

◆•◆•◆•◆•◆•◆•◆•◆•◆•◆•◆•◆•◆•◆•◆•◆•

NAME:

ADDRESS:

📞 **HOME:**   📞 **WORK:**

📞 **CELL:**   ✉ **EMAIL:**

BIRTHDAY:

NOTES:

◆•◆•◆•◆•◆•◆•◆•◆•◆•◆•◆•◆•◆•◆•◆•◆•

NAME:

ADDRESS:

📞 **HOME:**   📞 **WORK:**

📞 **CELL:**   ✉ **EMAIL:**

BIRTHDAY:

NOTES:

NAME:

ADDRESS:

☏ **HOME:**   ☏ **WORK:**

☏ **CELL:**   @ **EMAIL:**

BIRTHDAY:

NOTES:

◆•◆•◆•◆•◆•◆•◆•◆•◆•◆•◆•◆•◆•◆•◆•◆•

NAME:

ADDRESS:

☏ **HOME:**   ☏ **WORK:**

☏ **CELL:**   @ **EMAIL:**

BIRTHDAY:

NOTES:

◆•◆•◆•◆•◆•◆•◆•◆•◆•◆•◆•◆•◆•◆•◆•◆•

NAME:

ADDRESS:

☏ **HOME:**   ☏ **WORK:**

☏ **CELL:**   @ **EMAIL:**

BIRTHDAY:

NOTES:

NAME:

ADDRESS:

📞 **HOME:** 　　　　　📞 **WORK:**

📞 **CELL:** 　　　　　✉ **EMAIL:**

BIRTHDAY:

NOTES:

◆•◆•◆•◆•◆•◆•◆•◆•◆•◆•◆•◆•◆•◆•◆•◆•

NAME:

ADDRESS:

📞 **HOME:** 　　　　　📞 **WORK:**

📞 **CELL:** 　　　　　✉ **EMAIL:**

BIRTHDAY:

NOTES:

◆•◆•◆•◆•◆•◆•◆•◆•◆•◆•◆•◆•◆•◆•◆•◆•

NAME:

ADDRESS:

📞 **HOME:** 　　　　　📞 **WORK:**

📞 **CELL:** 　　　　　✉ **EMAIL:**

BIRTHDAY:

NOTES:

NAME:

ADDRESS:

📞 **HOME:**　　　　　📞 **WORK:**

📞 **CELL:**　　　　　@ **EMAIL:**

BIRTHDAY:

NOTES:

◆•◆•◆•◆•◆•◆•◆•◆•◆•◆•◆•◆•◆•◆•◆•◆•◆•

NAME:

ADDRESS:

📞 **HOME:**　　　　　📞 **WORK:**

📞 **CELL:**　　　　　@ **EMAIL:**

BIRTHDAY:

NOTES:

◆•◆•◆•◆•◆•◆•◆•◆•◆•◆•◆•◆•◆•◆•◆•◆•◆•

NAME:

ADDRESS:

📞 **HOME:**　　　　　📞 **WORK:**

📞 **CELL:**　　　　　@ **EMAIL:**

BIRTHDAY:

NOTES:

NAME:

ADDRESS:

📞 **HOME:**   📞 **WORK:**

📞 **CELL:**   ✉ **EMAIL:**

BIRTHDAY:

NOTES:

◆•◆•◆•◆•◆•◆•◆•◆•◆•◆•◆•◆•◆•◆•◆•◆•◆•

NAME:

ADDRESS:

📞 **HOME:**   📞 **WORK:**

📞 **CELL:**   ✉ **EMAIL:**

BIRTHDAY:

NOTES:

◆•◆•◆•◆•◆•◆•◆•◆•◆•◆•◆•◆•◆•◆•◆•◆•◆•

NAME:

ADDRESS:

📞 **HOME:**   📞 **WORK:**

📞 **CELL:**   ✉ **EMAIL:**

BIRTHDAY:

NOTES:

NAME:

ADDRESS:

📞 **HOME:**　　　　　　　📞 **WORK:**

📞 **CELL:**　　　　　　　✉ **EMAIL:**

BIRTHDAY:

NOTES:

◆•◆•◆•◆•◆•◆•◆•◆•◆•◆•◆•◆•◆•◆•◆•◆•◆•

NAME:

ADDRESS:

📞 **HOME:**　　　　　　　📞 **WORK:**

📞 **CELL:**　　　　　　　✉ **EMAIL:**

BIRTHDAY:

NOTES:

◆•◆•◆•◆•◆•◆•◆•◆•◆•◆•◆•◆•◆•◆•◆•◆•◆•

NAME:

ADDRESS:

📞 **HOME:**　　　　　　　📞 **WORK:**

📞 **CELL:**　　　　　　　✉ **EMAIL:**

BIRTHDAY:

NOTES:

Q

NAME:

ADDRESS:

📞 **HOME:**   📞 **WORK:**

📞 **CELL:**   ✉ **EMAIL:**

BIRTHDAY:

NOTES:

◆•◆•◆•◆•◆•◆•◆•◆•◆•◆•◆•◆•◆•◆•◆•

NAME:

ADDRESS:

📞 **HOME:**   📞 **WORK:**

📞 **CELL:**   ✉ **EMAIL:**

BIRTHDAY:

NOTES:

◆•◆•◆•◆•◆•◆•◆•◆•◆•◆•◆•◆•◆•◆•◆•

NAME:

ADDRESS:

📞 **HOME:**   📞 **WORK:**

📞 **CELL:**   ✉ **EMAIL:**

BIRTHDAY:

NOTES:

NAME:

ADDRESS:

📞 **HOME:**　　　　　　📞 **WORK:**

📞 **CELL:**　　　　　　✉ **EMAIL:**

BIRTHDAY:

NOTES:

◆•◆•◆•◆•◆•◆•◆•◆•◆•◆•◆•◆•◆•◆•◆•◆•

NAME:

ADDRESS:

📞 **HOME:**　　　　　　📞 **WORK:**

📞 **CELL:**　　　　　　✉ **EMAIL:**

BIRTHDAY:

NOTES:

◆•◆•◆•◆•◆•◆•◆•◆•◆•◆•◆•◆•◆•◆•◆•◆•

NAME:

ADDRESS:

📞 **HOME:**　　　　　　📞 **WORK:**

📞 **CELL:**　　　　　　✉ **EMAIL:**

BIRTHDAY:

NOTES:

NAME:

ADDRESS:

📞 **HOME:**   📞 **WORK:**

📞 **CELL:**   ✉ **EMAIL:**

BIRTHDAY:

NOTES:

◆•◆•◆•◆•◆•◆•◆•◆•◆•◆•◆•◆•◆•◆•◆•

NAME:

ADDRESS:

📞 **HOME:**   📞 **WORK:**

📞 **CELL:**   ✉ **EMAIL:**

BIRTHDAY:

NOTES:

◆•◆•◆•◆•◆•◆•◆•◆•◆•◆•◆•◆•◆•◆•◆•

NAME:

ADDRESS:

📞 **HOME:**   📞 **WORK:**

📞 **CELL:**   ✉ **EMAIL:**

BIRTHDAY:

NOTES:

NAME:

ADDRESS:

📞 **HOME:**　　　　　　　📞 **WORK:**

📞 **CELL:**　　　　　　　✉ **EMAIL:**

BIRTHDAY:

NOTES:

◆•◆•◆•◆•◆•◆•◆•◆•◆•◆•◆•◆•◆•◆•◆•◆•

NAME:

ADDRESS:

📞 **HOME:**　　　　　　　📞 **WORK:**

📞 **CELL:**　　　　　　　✉ **EMAIL:**

BIRTHDAY:

NOTES:

◆•◆•◆•◆•◆•◆•◆•◆•◆•◆•◆•◆•◆•◆•◆•◆•

NAME:

ADDRESS:

📞 **HOME:**　　　　　　　📞 **WORK:**

📞 **CELL:**　　　　　　　✉ **EMAIL:**

BIRTHDAY:

NOTES:

NAME:

ADDRESS:

📞 **HOME:**   📞 **WORK:**

📞 **CELL:**   ✉ **EMAIL:**

BIRTHDAY:

NOTES:

◆•◆•◆•◆•◆•◆•◆•◆•◆•◆•◆•◆•◆•◆•◆•◆•

NAME:

ADDRESS:

📞 **HOME:**   📞 **WORK:**

📞 **CELL:**   ✉ **EMAIL:**

BIRTHDAY:

NOTES:

◆•◆•◆•◆•◆•◆•◆•◆•◆•◆•◆•◆•◆•◆•◆•◆•

NAME:

ADDRESS:

📞 **HOME:**   📞 **WORK:**

📞 **CELL:**   ✉ **EMAIL:**

BIRTHDAY:

NOTES:

R

NAME:

ADDRESS:

☏ **HOME:**   ☏ **WORK:**

☏ **CELL:**   ✉ **EMAIL:**

BIRTHDAY:

NOTES:

◆•◆•◆•◆•◆•◆•◆•◆•◆•◆•◆•◆•◆•◆•◆•

NAME:

ADDRESS:

☏ **HOME:**   ☏ **WORK:**

☏ **CELL:**   ✉ **EMAIL:**

BIRTHDAY:

NOTES:

◆•◆•◆•◆•◆•◆•◆•◆•◆•◆•◆•◆•◆•◆•◆•

NAME:

ADDRESS:

☏ **HOME:**   ☏ **WORK:**

☏ **CELL:**   ✉ **EMAIL:**

BIRTHDAY:

NOTES:

S

NAME:

ADDRESS:

📞 **HOME:**   📞 **WORK:**

📞 **CELL:**   @ **EMAIL:**

BIRTHDAY:

NOTES:

◆•◆•◆•◆•◆•◆•◆•◆•◆•◆•◆•◆•◆•◆•◆•◆•

NAME:

ADDRESS:

📞 **HOME:**   📞 **WORK:**

📞 **CELL:**   @ **EMAIL:**

BIRTHDAY:

NOTES:

◆•◆•◆•◆•◆•◆•◆•◆•◆•◆•◆•◆•◆•◆•◆•◆•

NAME:

ADDRESS:

📞 **HOME:**   📞 **WORK:**

📞 **CELL:**   @ **EMAIL:**

BIRTHDAY:

NOTES:

S

NAME:

ADDRESS:

📞 **HOME:**　　　📞 **WORK:**

📞 **CELL:**　　　✉ **EMAIL:**

BIRTHDAY:

NOTES:

◆·◆·◆·◆·◆·◆·◆·◆·◆·◆·◆·◆·◆·◆·◆·

NAME:

ADDRESS:

📞 **HOME:**　　　📞 **WORK:**

📞 **CELL:**　　　✉ **EMAIL:**

BIRTHDAY:

NOTES:

◆·◆·◆·◆·◆·◆·◆·◆·◆·◆·◆·◆·◆·◆·◆·

NAME:

ADDRESS:

📞 **HOME:**　　　📞 **WORK:**

📞 **CELL:**　　　✉ **EMAIL:**

BIRTHDAY:

NOTES:

S

NAME:

ADDRESS:

☎ **HOME:**　　　　　　☎ **WORK:**

☎ **CELL:**　　　　　　@ **EMAIL:**

BIRTHDAY:

NOTES:

◆·◆·◆·◆·◆·◆·◆·◆·◆·◆·◆·◆·◆·◆·◆·◆·◆·◆·

NAME:

ADDRESS:

☎ **HOME:**　　　　　　☎ **WORK:**

☎ **CELL:**　　　　　　@ **EMAIL:**

BIRTHDAY:

NOTES:

◆·◆·◆·◆·◆·◆·◆·◆·◆·◆·◆·◆·◆·◆·◆·◆·◆·◆·

NAME:

ADDRESS:

☎ **HOME:**　　　　　　☎ **WORK:**

☎ **CELL:**　　　　　　@ **EMAIL:**

BIRTHDAY:

NOTES:

NAME:

ADDRESS:

☏ **HOME:**   ☏ **WORK:**

☏ **CELL:**   ✉ **EMAIL:**

BIRTHDAY:

NOTES:

◆•◆•◆•◆•◆•◆•◆•◆•◆•◆•◆•◆•◆•◆•◆•

NAME:

ADDRESS:

☏ **HOME:**   ☏ **WORK:**

☏ **CELL:**   ✉ **EMAIL:**

BIRTHDAY:

NOTES:

◆•◆•◆•◆•◆•◆•◆•◆•◆•◆•◆•◆•◆•◆•◆•

NAME:

ADDRESS:

☏ **HOME:**   ☏ **WORK:**

☏ **CELL:**   ✉ **EMAIL:**

BIRTHDAY:

NOTES:

NAME:

ADDRESS:

📞 **HOME:**   📞 **WORK:**

📞 **CELL:**   @ **EMAIL:**

BIRTHDAY:

NOTES:

◆•◆•◆•◆•◆•◆•◆•◆•◆•◆•◆•◆•◆•◆•◆•◆•

NAME:

ADDRESS:

📞 **HOME:**   📞 **WORK:**

📞 **CELL:**   @ **EMAIL:**

BIRTHDAY:

NOTES:

◆•◆•◆•◆•◆•◆•◆•◆•◆•◆•◆•◆•◆•◆•◆•◆•

NAME:

ADDRESS:

📞 **HOME:**   📞 **WORK:**

📞 **CELL:**   @ **EMAIL:**

BIRTHDAY:

NOTES:

NAME:

ADDRESS:

📞 **HOME:**   📞 **WORK:**

📞 **CELL:**   ✉ **EMAIL:**

BIRTHDAY:

NOTES:

◆•◆•◆•◆•◆•◆•◆•◆•◆•◆•◆•◆•◆•◆•◆•

NAME:

ADDRESS:

📞 **HOME:**   📞 **WORK:**

📞 **CELL:**   ✉ **EMAIL:**

BIRTHDAY:

NOTES:

◆•◆•◆•◆•◆•◆•◆•◆•◆•◆•◆•◆•◆•◆•◆•

NAME:

ADDRESS:

📞 **HOME:**   📞 **WORK:**

📞 **CELL:**   ✉ **EMAIL:**

BIRTHDAY:

NOTES:

NAME:

ADDRESS:

📞 **HOME:**   📞 **WORK:**

📞 **CELL:**   ✉ **EMAIL:**

BIRTHDAY:

NOTES:

◆•◆•◆•◆•◆•◆•◆•◆•◆•◆•◆•◆•◆•◆•◆•◆•◆•

NAME:

ADDRESS:

📞 **HOME:**   📞 **WORK:**

📞 **CELL:**   ✉ **EMAIL:**

BIRTHDAY:

NOTES:

◆•◆•◆•◆•◆•◆•◆•◆•◆•◆•◆•◆•◆•◆•◆•◆•◆•

NAME:

ADDRESS:

📞 **HOME:**   📞 **WORK:**

📞 **CELL:**   ✉ **EMAIL:**

BIRTHDAY:

NOTES:

NAME:

ADDRESS:

☎ **HOME:**　　　　　　☎ **WORK:**

☎ **CELL:**　　　　　　✉ **EMAIL:**

BIRTHDAY:

NOTES:

◆•◆•◆•◆•◆•◆•◆•◆•◆•◆•◆•◆•◆•◆•◆•

NAME:

ADDRESS:

☎ **HOME:**　　　　　　☎ **WORK:**

☎ **CELL:**　　　　　　✉ **EMAIL:**

BIRTHDAY:

NOTES:

◆•◆•◆•◆•◆•◆•◆•◆•◆•◆•◆•◆•◆•◆•◆•

NAME:

ADDRESS:

☎ **HOME:**　　　　　　☎ **WORK:**

☎ **CELL:**　　　　　　✉ **EMAIL:**

BIRTHDAY:

NOTES:

NAME:

ADDRESS:

📞 **HOME:** 📞 **WORK:**

📞 **CELL:** ✉ **EMAIL:**

BIRTHDAY:

NOTES:

◆•◆•◆•◆•◆•◆•◆•◆•◆•◆•◆•◆•◆•◆•◆•

NAME:

ADDRESS:

📞 **HOME:** 📞 **WORK:**

📞 **CELL:** ✉ **EMAIL:**

BIRTHDAY:

NOTES:

◆•◆•◆•◆•◆•◆•◆•◆•◆•◆•◆•◆•◆•◆•◆•

NAME:

ADDRESS:

📞 **HOME:** 📞 **WORK:**

📞 **CELL:** ✉ **EMAIL:**

BIRTHDAY:

NOTES:

NAME:

ADDRESS:

📞 **HOME:**　　　　　　　📞 **WORK:**

📞 **CELL:**　　　　　　　✉ **EMAIL:**

BIRTHDAY:

NOTES:

◆•◆•◆•◆•◆•◆•◆•◆•◆•◆•◆•◆•◆•◆•◆•◆•

NAME:

ADDRESS:

📞 **HOME:**　　　　　　　📞 **WORK:**

📞 **CELL:**　　　　　　　✉ **EMAIL:**

BIRTHDAY:

NOTES:

◆•◆•◆•◆•◆•◆•◆•◆•◆•◆•◆•◆•◆•◆•◆•

NAME:

ADDRESS:

📞 **HOME:**　　　　　　　📞 **WORK:**

📞 **CELL:**　　　　　　　✉ **EMAIL:**

BIRTHDAY:

NOTES:

NAME:

ADDRESS:

☎ **HOME:**   ☎ **WORK:**

☎ **CELL:**   @ **EMAIL:**

BIRTHDAY:

NOTES:

◆•◆•◆•◆•◆•◆•◆•◆•◆•◆•◆•◆•◆•◆•◆•

NAME:

ADDRESS:

☎ **HOME:**   ☎ **WORK:**

☎ **CELL:**   @ **EMAIL:**

BIRTHDAY:

NOTES:

◆•◆•◆•◆•◆•◆•◆•◆•◆•◆•◆•◆•◆•◆•◆•

NAME:

ADDRESS:

☎ **HOME:**   ☎ **WORK:**

☎ **CELL:**   @ **EMAIL:**

BIRTHDAY:

NOTES:

U

NAME:

ADDRESS:

HOME: **WORK:**

CELL: **EMAIL:**

BIRTHDAY:

NOTES:

◆•◆•◆•◆•◆•◆•◆•◆•◆•◆•◆•◆•◆•◆•◆•◆•

NAME:

ADDRESS:

HOME: **WORK:**

CELL: **EMAIL:**

BIRTHDAY:

NOTES:

◆•◆•◆•◆•◆•◆•◆•◆•◆•◆•◆•◆•◆•◆•◆•◆•

NAME:

ADDRESS:

HOME: **WORK:**

CELL: **EMAIL:**

BIRTHDAY:

NOTES:

NAME:

ADDRESS:

☏ **HOME:**   ☏ **WORK:**

☏ **CELL:**   ✉ **EMAIL:**

BIRTHDAY:

NOTES:

◆•◆•◆•◆•◆•◆•◆•◆•◆•◆•◆•◆•◆•◆•◆•

NAME:

ADDRESS:

☏ **HOME:**   ☏ **WORK:**

☏ **CELL:**   ✉ **EMAIL:**

BIRTHDAY:

NOTES:

◆•◆•◆•◆•◆•◆•◆•◆•◆•◆•◆•◆•◆•◆•◆•

NAME:

ADDRESS:

☏ **HOME:**   ☏ **WORK:**

☏ **CELL:**   ✉ **EMAIL:**

BIRTHDAY:

NOTES:

NAME:

ADDRESS:

📞 **HOME:**   📞 **WORK:**

📞 **CELL:**   ✉ **EMAIL:**

BIRTHDAY:

NOTES:

◆•◆•◆•◆•◆•◆•◆•◆•◆•◆•◆•◆•◆•◆•◆•

NAME:

ADDRESS:

📞 **HOME:**   📞 **WORK:**

📞 **CELL:**   ✉ **EMAIL:**

BIRTHDAY:

NOTES:

◆•◆•◆•◆•◆•◆•◆•◆•◆•◆•◆•◆•◆•◆•◆•

NAME:

ADDRESS:

📞 **HOME:**   📞 **WORK:**

📞 **CELL:**   ✉ **EMAIL:**

BIRTHDAY:

NOTES:

NAME:

ADDRESS:

📞 **HOME:** | 📞 **WORK:**
📞 **CELL:** | ✉ **EMAIL:**

BIRTHDAY:

NOTES:

◆•◆•◆•◆•◆•◆•◆•◆•◆•◆•◆•◆•◆•◆•◆•◆•◆•

NAME:

ADDRESS:

📞 **HOME:** | 📞 **WORK:**
📞 **CELL:** | ✉ **EMAIL:**

BIRTHDAY:

NOTES:

◆•◆•◆•◆•◆•◆•◆•◆•◆•◆•◆•◆•◆•◆•◆•◆•◆•

NAME:

ADDRESS:

📞 **HOME:** | 📞 **WORK:**
📞 **CELL:** | ✉ **EMAIL:**

BIRTHDAY:

NOTES:

NAME:

ADDRESS:

📞 **HOME:**   📞 **WORK:**

📞 **CELL:**   📧 **EMAIL:**

BIRTHDAY:

NOTES:

◆•◆•◆•◆•◆•◆•◆•◆•◆•◆•◆•◆•◆•◆•◆•

NAME:

ADDRESS:

📞 **HOME:**   📞 **WORK:**

📞 **CELL:**   📧 **EMAIL:**

BIRTHDAY:

NOTES:

◆•◆•◆•◆•◆•◆•◆•◆•◆•◆•◆•◆•◆•◆•◆•

NAME:

ADDRESS:

📞 **HOME:**   📞 **WORK:**

📞 **CELL:**   📧 **EMAIL:**

BIRTHDAY:

NOTES:

NAME:

ADDRESS:

📞 **HOME:**   📞 **WORK:**

📞 **CELL:**   ✉ **EMAIL:**

BIRTHDAY:

NOTES:

◆•◆•◆•◆•◆•◆•◆•◆•◆•◆•◆•◆•◆•◆•◆•◆•

NAME:

ADDRESS:

📞 **HOME:**   📞 **WORK:**

📞 **CELL:**   ✉ **EMAIL:**

BIRTHDAY:

NOTES:

◆•◆•◆•◆•◆•◆•◆•◆•◆•◆•◆•◆•◆•◆•◆•◆•

NAME:

ADDRESS:

📞 **HOME:**   📞 **WORK:**

📞 **CELL:**   ✉ **EMAIL:**

BIRTHDAY:

NOTES:

NAME:

ADDRESS:

📞 **HOME:**   📞 **WORK:**

📞 **CELL:**   ✉ **EMAIL:**

BIRTHDAY:

NOTES:

◆•◆•◆•◆•◆•◆•◆•◆•◆•◆•◆•◆•◆•◆•

NAME:

ADDRESS:

📞 **HOME:**   📞 **WORK:**

📞 **CELL:**   ✉ **EMAIL:**

BIRTHDAY:

NOTES:

◆•◆•◆•◆•◆•◆•◆•◆•◆•◆•◆•◆•◆•◆•

NAME:

ADDRESS:

📞 **HOME:**   📞 **WORK:**

📞 **CELL:**   ✉ **EMAIL:**

BIRTHDAY:

NOTES:

NAME:

ADDRESS:

📞 **HOME:**　　　　　📞 **WORK:**

📞 **CELL:**　　　　　✉ **EMAIL:**

BIRTHDAY:

NOTES:

◆•◆•◆•◆•◆•◆•◆•◆•◆•◆•◆•◆•◆•◆•◆•◆•◆•

NAME:

ADDRESS:

📞 **HOME:**　　　　　📞 **WORK:**

📞 **CELL:**　　　　　✉ **EMAIL:**

BIRTHDAY:

NOTES:

◆•◆•◆•◆•◆•◆•◆•◆•◆•◆•◆•◆•◆•◆•◆•◆•◆•

NAME:

ADDRESS:

📞 **HOME:**　　　　　📞 **WORK:**

📞 **CELL:**　　　　　✉ **EMAIL:**

BIRTHDAY:

NOTES:

NAME:

ADDRESS:

☎ **HOME:**　　　　　☎ **WORK:**

☎ **CELL:**　　　　　@ **EMAIL:**

BIRTHDAY:

NOTES:

◆•◆•◆•◆•◆•◆•◆•◆•◆•◆•◆•◆•◆•◆•◆•

NAME:

ADDRESS:

☎ **HOME:**　　　　　☎ **WORK:**

☎ **CELL:**　　　　　@ **EMAIL:**

BIRTHDAY:

NOTES:

◆•◆•◆•◆•◆•◆•◆•◆•◆•◆•◆•◆•◆•◆•◆•

NAME:

ADDRESS:

☎ **HOME:**　　　　　☎ **WORK:**

☎ **CELL:**　　　　　@ **EMAIL:**

BIRTHDAY:

NOTES:

X

NAME:

ADDRESS:

📞 **HOME:**　　　　　　　📞 **WORK:**

📞 **CELL:**　　　　　　　✉ **EMAIL:**

BIRTHDAY:

NOTES:

◆•◆•◆•◆•◆•◆•◆•◆•◆•◆•◆•◆•◆•◆•◆•◆•◆•

NAME:

ADDRESS:

📞 **HOME:**　　　　　　　📞 **WORK:**

📞 **CELL:**　　　　　　　✉ **EMAIL:**

BIRTHDAY:

NOTES:

◆•◆•◆•◆•◆•◆•◆•◆•◆•◆•◆•◆•◆•◆•◆•◆•◆•

NAME:

ADDRESS:

📞 **HOME:**　　　　　　　📞 **WORK:**

📞 **CELL:**　　　　　　　✉ **EMAIL:**

BIRTHDAY:

NOTES:

NAME:

ADDRESS:

☎ **HOME:**   ☎ **WORK:**

☎ **CELL:**   ✉ **EMAIL:**

BIRTHDAY:

NOTES:

◆•◆•◆•◆•◆•◆•◆•◆•◆•◆•◆•◆•◆•◆•◆•◆

NAME:

ADDRESS:

☎ **HOME:**   ☎ **WORK:**

☎ **CELL:**   ✉ **EMAIL:**

BIRTHDAY:

NOTES:

◆•◆•◆•◆•◆•◆•◆•◆•◆•◆•◆•◆•◆•◆•◆•◆

NAME:

ADDRESS:

☎ **HOME:**   ☎ **WORK:**

☎ **CELL:**   ✉ **EMAIL:**

BIRTHDAY:

NOTES:

NAME:

ADDRESS:

📞 **HOME:**   📞 **WORK:**

📞 **CELL:**   @ **EMAIL:**

BIRTHDAY:

NOTES:

◆•◆•◆•◆•◆•◆•◆•◆•◆•◆•◆•◆•◆•◆•◆•◆•◆•

NAME:

ADDRESS:

📞 **HOME:**   📞 **WORK:**

📞 **CELL:**   @ **EMAIL:**

BIRTHDAY:

NOTES:

◆•◆•◆•◆•◆•◆•◆•◆•◆•◆•◆•◆•◆•◆•◆•◆•◆•

NAME:

ADDRESS:

📞 **HOME:**   📞 **WORK:**

📞 **CELL:**   @ **EMAIL:**

BIRTHDAY:

NOTES:

NAME:

ADDRESS:

📞 **HOME:** 📞 **WORK:**

📞 **CELL:** ✉ **EMAIL:**

BIRTHDAY:

NOTES:

◆•◆•◆•◆•◆•◆•◆•◆•◆•◆•◆•◆•◆•◆•◆•

NAME:

ADDRESS:

📞 **HOME:** 📞 **WORK:**

📞 **CELL:** ✉ **EMAIL:**

BIRTHDAY:

NOTES:

◆•◆•◆•◆•◆•◆•◆•◆•◆•◆•◆•◆•◆•◆•◆•

NAME:

ADDRESS:

📞 **HOME:** 📞 **WORK:**

📞 **CELL:** ✉ **EMAIL:**

BIRTHDAY:

NOTES:

NAME:

ADDRESS:

☏ **HOME:**   ☏ **WORK:**

☏ **CELL:**   @ **EMAIL:**

BIRTHDAY:

NOTES:

◆•◆•◆•◆•◆•◆•◆•◆•◆•◆•◆•◆•◆•◆•◆•◆•◆•

NAME:

ADDRESS:

☏ **HOME:**   ☏ **WORK:**

☏ **CELL:**   @ **EMAIL:**

BIRTHDAY:

NOTES:

◆•◆•◆•◆•◆•◆•◆•◆•◆•◆•◆•◆•◆•◆•◆•◆•◆•

NAME:

ADDRESS:

☏ **HOME:**   ☏ **WORK:**

☏ **CELL:**   @ **EMAIL:**

BIRTHDAY:

NOTES:

NAME:

ADDRESS:

📞 **HOME:**　　　　　📞 **WORK:**

📞 **CELL:**　　　　　✉ **EMAIL:**

BIRTHDAY:

NOTES:

◆•◆•◆•◆•◆•◆•◆•◆•◆•◆•◆•◆•◆•◆•◆•

NAME:

ADDRESS:

📞 **HOME:**　　　　　📞 **WORK:**

📞 **CELL:**　　　　　✉ **EMAIL:**

BIRTHDAY:

NOTES:

◆•◆•◆•◆•◆•◆•◆•◆•◆•◆•◆•◆•◆•◆•

NAME:

ADDRESS:

📞 **HOME:**　　　　　📞 **WORK:**

📞 **CELL:**　　　　　✉ **EMAIL:**

BIRTHDAY:

NOTES:

NAME:

ADDRESS:

📞 **HOME:**   📞 **WORK:**

📞 **CELL:**   @ **EMAIL:**

BIRTHDAY:

NOTES:

◆•◆•◆•◆•◆•◆•◆•◆•◆•◆•◆•◆•◆•◆•◆•

NAME:

ADDRESS:

📞 **HOME:**   📞 **WORK:**

📞 **CELL:**   @ **EMAIL:**

BIRTHDAY:

NOTES:

◆•◆•◆•◆•◆•◆•◆•◆•◆•◆•◆•◆•◆•◆•◆•

NAME:

ADDRESS:

📞 **HOME:**   📞 **WORK:**

📞 **CELL:**   @ **EMAIL:**

BIRTHDAY:

NOTES:

NAME:

ADDRESS:

HOME: **WORK:**

CELL: **EMAIL:**

BIRTHDAY:

NOTES:

◆•◆•◆•◆•◆•◆•◆•◆•◆•◆•◆•◆•◆•◆•◆•◆•◆•

NAME:

ADDRESS:

HOME: **WORK:**

CELL: **EMAIL:**

BIRTHDAY:

NOTES:

◆•◆•◆•◆•◆•◆•◆•◆•◆•◆•◆•◆•◆•◆•◆•◆•◆•

NAME:

ADDRESS:

HOME: **WORK:**

CELL: **EMAIL:**

BIRTHDAY:

NOTES:

Z

NAME:

ADDRESS:

📞 **HOME:**　　　　　　📞 **WORK:**

📞 **CELL:**　　　　　　@ **EMAIL:**

BIRTHDAY:

NOTES:

◆•◆•◆•◆•◆•◆•◆•◆•◆•◆•◆•◆•◆•◆•◆•

NAME:

ADDRESS:

📞 **HOME:**　　　　　　📞 **WORK:**

📞 **CELL:**　　　　　　@ **EMAIL:**

BIRTHDAY:

NOTES:

◆•◆•◆•◆•◆•◆•◆•◆•◆•◆•◆•◆•◆•◆•◆•

NAME:

ADDRESS:

📞 **HOME:**　　　　　　📞 **WORK:**

📞 **CELL:**　　　　　　@ **EMAIL:**

BIRTHDAY:

NOTES:

Z

NAME:

ADDRESS:

📞 **HOME:**   📞 **WORK:**

📞 **CELL:**   ✉ **EMAIL:**

BIRTHDAY:

NOTES:

◆•◆•◆•◆•◆•◆•◆•◆•◆•◆•◆•◆•◆•◆•◆•

NAME:

ADDRESS:

📞 **HOME:**   📞 **WORK:**

📞 **CELL:**   ✉ **EMAIL:**

BIRTHDAY:

NOTES:

◆•◆•◆•◆•◆•◆•◆•◆•◆•◆•◆•◆•◆•◆•◆•

NAME:

ADDRESS:

📞 **HOME:**   📞 **WORK:**

📞 **CELL:**   ✉ **EMAIL:**

BIRTHDAY:

NOTES:

Z

NAME:

ADDRESS:

☎ **HOME:**　　　　　　☎ **WORK:**

☎ **CELL:**　　　　　　✉ **EMAIL:**

BIRTHDAY:

NOTES:

◆•◆•◆•◆•◆•◆•◆•◆•◆•◆•◆•◆•◆•◆•◆•◆•

NAME:

ADDRESS:

☎ **HOME:**　　　　　　☎ **WORK:**

☎ **CELL:**　　　　　　✉ **EMAIL:**

BIRTHDAY:

NOTES:

◆•◆•◆•◆•◆•◆•◆•◆•◆•◆•◆•◆•◆•◆•◆•◆•

NAME:

ADDRESS:

☎ **HOME:**　　　　　　☎ **WORK:**

☎ **CELL:**　　　　　　✉ **EMAIL:**

BIRTHDAY:

NOTES:

NAME:

ADDRESS:

📞 **HOME:**   📞 **WORK:**

📞 **CELL:**   ✉ **EMAIL:**

BIRTHDAY:

NOTES:

◆·◆·◆·◆·◆·◆·◆·◆·◆·◆·◆·◆·◆·◆·◆·◆·◆·◆·

NAME:

ADDRESS:

📞 **HOME:**   📞 **WORK:**

📞 **CELL:**   ✉ **EMAIL:**

BIRTHDAY:

NOTES:

◆·◆·◆·◆·◆·◆·◆·◆·◆·◆·◆·◆·◆·◆·◆·◆·◆·◆·

NAME:

ADDRESS:

📞 **HOME:**   📞 **WORK:**

📞 **CELL:**   ✉ **EMAIL:**

BIRTHDAY:

NOTES:

Notes

Notes

Notes